Bibliografische Information der Deutschen Nationalbibliothek:

Die Deutsche Bibliothek verzeichnet diese Publikation in der Deutschen National-
bibliografie; detaillierte bibliografische Daten sind im Internet über http://dnb.d-
nb.de/ abrufbar.

Impressum:

Copyright © 2008 GRIN Verlag, Open Publishing GmbH
Druck und Bindung: Books on Demand GmbH, Norderstedt Germany
ISBN: 9783640642168

Dieses Buch bei GRIN:

http://www.grin.com/de/e-book/152356/politik-und-journalismus-in-der-berliner-
republik

Nemo Tronnier

Politik und Journalismus in der Berliner Republik

"Die Nervöse Zone"

GRIN Verlag

Justus-Liebig-Universität Gießen

Fachbereich Sozial- und Kulturwissenschaften

Institut für Politikwissenschaft

WS 2007/2008

Bausteine der Mediendemokratie

- Ausarbeitung -

Die Nervöse Zone
Politik und Journalismus in der Berliner Republik

Nemo Tronnier

Inhaltsverzeichnis

Einleitung

Das Seminar „Bausteine der Mediendemokratie" beschäftigt sich mit den verschiedenen Formen der Präsentation von Politik in den Medien Print, Fernsehen und Internet. Auf der Grundlage von aktuellen Sachbüchern und Internet-Artikeln wird das komplexe Verhältnis dieser beiden stark miteinander verwobenen Bereiche des öffentlichen Lebens erörtert. Die Vorlesung „Mediendemokratie" behandelte parallel dazu die Geschichte und Entwicklung von Mediensystemen im internationalen Vergleich. Neben den institutionellen Rahmenbedingungen von Mediendemokratien wurden auch aktuelle Formate und Prozesse der Mediendemokratie wie Wahlkämpfe, Visualisierung, „Entertainisierung" und Fernsehduelle vorgestellt.

Diese Ausarbeitung beschäftigt sich mit der Publikation von Lutz Hachmeister: „Die Nervöse Zone: Politik und Journalismus in der Berliner Republik". Hachmeister beschreibt in seinem Werk die Verflechtung von Politik und Medien, in dem neu entstandenen politischen und medialen Machtzentrum Berlin. In seinen Thesen spricht Hachmeister von einer Erosion der traditionellen Handlungsrollen zwischen Politik und Medien, der Entstehung von neuen Allianzen und einer Bündelung der journalistischen Deutungsmacht. Bevor die Darstellung der „Berliner Republik" aus der Sicht Lutz Hachmeisters beschrieben wird, werde ich den Begriff der Mediendemokratie anhand von verschiedenen Aufsätzen aus dem Seminar und weiterer Sekundärliteratur erläutern.

Ein Bedeutungszuwachs der Massenmedien, die Entstehung neuer Medientypen sowie Internationalisierungs- und Ökonomisierungstendenzen im politisch-medialen Komplex gehen einher mit dem Umzug des Bundestages von Bonn nach Berlin. Diese Merkmale einer veränderten politischen Realität kulminieren in dem Begriff der „Berliner Republik", welcher inhaltlich dem Begriff der „Mediendemokratie" ähnelt.

Im Fazit werden wir sehen, wie Hachmeisters Buch in diesen Kontext einzuordnen ist und ob seine Thesen relevant sind. Auch ob die Begriffe Mediendemokratie und „Berliner Republik" analytisch erhellend, beziehungsweise ihre Verwendung sinnvoll ist, wird dann erörtert werden.

Einführung in den Begriff der Mediendemokratie

Wie in der Einleitung angekündigt, werde ich nun eine kleine Einführung in den Begriff der Mediendemokratie wagen. Anhand von Texten und Aufsätzen aus dem Seminar und dem Buch „Politische Akteure in der Mediendemokratie", werde ich die ihr am häufigsten zugeschriebenen Merkmale, erläutern.

Öffentlichkeit hat stets zu den Vorraussetzungen für Politik gehört. Angesichts der laufenden Debatten im wissenschaftlichen Diskurs scheinen die Medien und mit ihnen die Öffentlichkeit jedoch eine abermalige Aufwertung bekommen zu haben. Wird Macht als begrenzte Ressource angesehen, so muss der Bedeutungsgewinn des Öffentlichen zu Lasten anderer, bisher privilegierter Akteure gehen. So wird des Öfteren auch von einer Ablösung der alten Parteiendemokratie durch die neue Mediendemokratie gesprochen (vgl. Alemann / Marschall 2002: S.15 ff.).

Spätestens seit dem großen Erfolg des von der Planungszentrale „Kampa" amerikanisch professionell gemanagten Wahlkampfes der SPD bei der Bundestagswahl 1998 ist das Thema einer Mediendemokratie in den Mittelpunkt des öffentlichen Interesses gerückt. Auch der spätere Regierungsstil Schröders stützt sich vor allem auf medienadressierte Personalisierung. Er regiert im Wahlkampfstil (permanente Kampagne, Demoskopiefixierung) und hat „Going Public" als Instrument zur Erweiterung seines Handlungskorridors entdeckt (vgl. Korte 2002: S.33).

Neben dem Terminus „Mediendemokratie" existieren noch viele weitere Benennungen dieses Phänomens, welche ebenso wenig greifbar wie inhaltlich erhellend sind. „Tele-„ oder „Mediokratie", „Fernseh-",   „Cyber-" und „E-Demokratie" haben zumindest die Gemeinsamkeit, dass sie die Medien, insbesondere das Fernsehen als neues Leitmedium, in ihrem Namen erwähnen. Bei stetig sinkenden Auflagen der so genannten Qualitätspresse und einer noch nicht umfassenden Nutzung des Internets ist das Fernsehen zum unangefochtenen Leitmedium der Mediendemokratie geworden (vgl. Bieber 2003: S.12).

Der Bedeutungszuwachs des Fernsehens im politischen Vermittlungs- und Entscheidungsprozess ist sicherlich eine einschneidende Entwicklung für die Mediendemokratie. Die Entwicklung von der Schrift- zur Bildrezeption entspricht den neuen Anforderungen eines Massenpublikums. Auch die Entstehung neuer Medientypen, vor allem die des Internets, trägt ihren Teil zur veränderten Rezeption und Vermittlung von Politik bei.

So geht die Verwendung des Internets einher mit einer veränderten Nutzung der Inhalte. Wurden in den alten Medien, wie Print und Fernsehen, vorproduzierte Medieninhalte sozusagen zensiert präsentiert, so ist im Internet eine Aufwertung des Publikums zu beobachten. Durch gezieltes Abfragen der Inhalte können die Nutzer aktiv in den Kommunikationsprozess eingreifen und diesen darüber hinaus auch beispielsweise durch Kommentare beeinflussen (vgl. Bieber 2003: S.21)

Durch die explosionsartige Zunahme der Medienangebote wandelt sich das zuvor noch einigermaßen übersichtliche Medien- und Politikfeld in ein unübersichtliches Wirrwarr von Beziehungsgeflechten. Auch dieser Zustand ist bezeichnend für die neuen Gegebenheiten einer Mediendemokratie.

Kernelemente einer Mediendemokratie

Neben den gesellschaftlichen Strukturen, welche eine Mediendemokratie prägen, werden ihr darüber hinaus bestimmte Kernelemente, wie „Entertainisierung", Internationalisierung und Ökonomisierung attestiert. Des Weiteren ist auch eine zunehmende Tendenz zur Konstruierung von Ereignissen von Seiten der Medien und der Politiker zu konstatieren.

„Entertainisierung" besagt, dass sich eine Bewegung der Politiker von der reinen politischen Berichterstattung in den Nachrichten zu weicheren Unterhaltungsformaten vollzieht. Politiker treten verstärkt in Unterhaltungsformaten auf, um dadurch eine größere Präsenz in den Medien zu erlangen. Gleichzeitig werden die politischen Inhalte verwässert oder fallen gar ganz weg. Eine fortschreitende Personalisierung, Symbolisierung und Verflachung von Politik sei zu konstatieren. Eine „Entertainisierung" der Politik könne aber auch positiv betrachtet werden; durch die Vereinfachung der Inhalte kann ein größeres Publikum in den politischen Prozess miteinbezogen werden (vgl. Bieber 2003: S.12 f.). Eine Autonomisierung des publizistischen Systems lässt sich gegenüber den politischen Akteuren diagnostizieren. Dieses lässt sich wiederum zunehmend von ökonomischen Prinzipien vereinnahmen (vgl. Alemann / Marschall 2002: S.17).

Kamps beschreibt die Entwicklung zur Ökonomisierung wie folgt: Mit dem Erscheinen kommerzieller Akteure im Rundfunksystem tritt neben einer Qualitätsorientierung die Marktorientierung der Verleger, Produzenten oder Intendanten. Von privat-kommerziell operierenden Akteuren wird weniger Gemeinwohlorientierung erwartet. Hinsichtlich der

Medieninhalte findet diese Ökonomisierung ihren pointierten Niederschlag in der Ausrichtung des Programms an Einschalt- und Marktquoten. Es geht also nicht darum, möglichst viele Personen gut zu informieren, sondern konsumfreudige und kaufkräftige Zuschauer an den Sender zu binden. Der politische Journalismus orientiert sich an der dramaturgischen Konzeption von Unterhaltungssendungen und die politischen Akteure folgen diesem Aufruf mitunter recht ungezwungen (vgl. Kamps 2002: S.106 f.).

Medien vermitteln nicht nur, sie sind auch eigenständige Akteure mit eigenen Plänen und Zielen. So agieren die Medien manchmal durchaus selbstreferentiell und haben nicht nur die Information der Öffentlichkeit, sondern auch ihre Positionsbestimmung im medialen Wettbewerbskontext sowie die Beziehungsgestaltung zu Politikern im Blick (vgl. Meckel 2002: S. 282 m.). „Symbolische Politik" und „Pseudo-Ereignisse" beherrschen die Berichterstattung. Dieses Konzept beschreibt das Vorgehen politischer Akteure, den Massenmedien kommunikative Angebote zu unterbreiten, die in Form und zum Teil auch im Inhalt die publizistischen Auswahlbedingungen berücksichtigen (vgl. Alemann / Marschall 2002: S.24).

Dass politische Prozesse durch die Medien vermittelt werden, ist geradezu banal, denn: „Was wir über die Gesellschaft, ja über die Welt, in der wir leben, wissen, wissen wir durch die Massenmedien", schrieb schon Niklas Luhmann. Auch wenn diese Aussage übertrieben erscheint; zumindest was wir über aktuelle politische Vorgänge wissen, wird über die Massenmedien vermittelt (vgl. Alemann / Marschall 2002: S.17). „Auf kurz oder lang müsse daher das Vokabular der Politiker ersetzt werden durch das Vokabular geschulter Kommunikatoren" (Kamps 2002: S.101).

Aufmerksamkeit – die neue Schlüsselressource

Sich im Kampf um Wahlkampfstimmen die größtmögliche Aufmerksamkeit zu sichern, ist für Politiker unerlässlich. Aufmerksamkeit wird zur neuen Schlüsselressource und führt zu einem zunehmenden Trend zum Transfer von Prominenten in die Politik und von Politikern in die Medien.

Um den Begriffsapparat des Soziologen Pierre Bourdieu zu benutzen; Im Feld der Mediendemokratie ist das wichtigste Kapital die (mediale) Aufmerksamkeit. Politiker, die einen Habitus ausbilden können, der dieser Aufgabe am besten angepasst ist, sind im Kampf um Stimmen klar im Vorteil. Ein Medienkanzler Gerhard Schröder und der polarisierende Außenminister Joschka Fischer setzten ihr symbolisches Kapital zu Zeiten ihrer politischen Herrschaft streckenweise ideal ein und sind ein Musterbeispiel für eine gelungene Anpassung an die neuen Gegebenheiten der Mediendemokratie.

Die Aufmerksamkeit zählt nicht nur im Bereich der Politik zu einer Schlüsselressource. „Die politischen Akteure konkurrieren mit Vertretern aus Sport, Showbizz und anderen Anbietern von Information und Unterhaltung" (Nieland 2002: S.166). Transfers von Prominenten, beispielsweise Schauspieler und Moderatoren, in die Politik sind in den U.S.A. schon völlig selbstverständlich. Politiker, die nach ihrer politischen Karriere wiederum häufig in den Medien erscheinen, sind auch in Deutschland keine Seltenheit mehr. Es wird von einer „Amerikanisierung" der deutschen Politik gesprochen. „Medienprominenz kann neben der Sachkompetenz den Quereinstieg in den politischen Führungssektor ermöglichen" (Alemann / Marschall 2002: S.30). Wem es gelingt auf einem der beiden Felder erfolgreich zu sein, der kann die Lager leicht wechseln. Dieser Sachverhalt deutet auf eine starke Symbiose zwischen den Bereichen Medien und Politik hin. Wie wir sehen werden, beschäftigt sich auch Lutz Hachmeister mit diesem Verhältnis.

So möchte ich diesen Teil mit dem Kommentar der Kommunikationswissenschaftlerin Miriam Meckel abschließen, die das Verhältnis von Politik und Medien auf die Spieltheorie angewandt hat. In diesem Zusammenhang ist es vielleicht interessant zu erwähnen, dass sie nicht nur Deutschlands jüngste Lehrstuhlinhaberin, sondern auch Lebensgefährtin der Polit-Talk-Masterin Anne Will ist, der Nachfolgerin von Sabine Christiansen. „Unter den Gegebenheiten unserer Medienkonkurrenzgesellschaft – (…) - entsteht im Verhältnis von Politik und Medien eine Paradoxe Mischung aus Symbiose und Antagonismus, aus Nähe und Distanz. Diese Mischung ist gefährlich, weil sie die Protagonisten auf beiden Seiten dazu veranlasst, gelegentlich ihre Plätze zu verlassen, ihre „Spielregeln" zu verletzen und sporadisch mit dem „Gegner" zusammenzuspielen" (Meckel 2002: S.278).

Lutz Hachmeister

In Lutz Hachmeisters Buch „Nervöse Zone: Politik und Journalismus in der Berliner Republik" sind einige Überschneidungen mit den bisher besprochenen Themen zu finden. Geboren 1959 in Minden, studierte Hachmeister zunächst Kommunikationswissenschaft,

Soziologie und Philosophie in Münster und Berlin. 1986 promovierte er dann mit einer Arbeit über die Geschichte der Kommunikationswissenschaft in Deutschland. In der Folge arbeitete er als Redakteur beim Berliner Tagesspiegel und führte Regie bei Dokumentarfilmen, meist mit geschichtlichem Hintergrund. Er veröffentlichte mehrere Bücher, die sich vorrangig mit den Eliten im Journalismus auseinandersetzen. Unter anderem: „Wer beherrscht die Medien? Die 50 größten Medienkonzerne der Welt." (München 1997), „Die Herren Journalisten. Die Elite der Deutschen Presse nach 1945." (München 2002) und natürlich „Nervöse Zone: Politik und Journalismus in der Berliner Republik" (München 2007) . Ein weiteres, von uns im Seminar besprochenes Buch: „Die Alpha-Journalisten: Deutschlands Wortführer im Portrait" (Köln 2007) wurde von zwei seiner Mitarbeiter verfasst.

1999 habilitierte Hachmeister und lehrt seitdem am Institut für Journalistik an der Universität Dortmund. Im Februar 2006 eröffnete er das wissenschaftliche Institut für Medien- und Kommunikationspolitik (IfM) in Berlin-Charlottenburg. Es soll sich der bislang vernachlässigten Erforschung der Medienpolitik in Deutschland, Europa und weltweit widmen[1]. Alles in allem lässt sich Lutz Hachmeister als ein zeit und mediengeschichtlich interessierter Medienbeobachter mit einem Hang zum Populärwissenschaftlichen beschreiben.

Nervöse Zone: Politik und Journalismus in der Berliner Republik

In seinem Werk: „Nervöse Zone: Politik und Journalismus in der Berliner Republik" benutzt Hachmeister als Aufhänger für seine Untersuchung die berühmt gewordene Wahlrede Gerhard Schröders nach seiner knappen Niederlage 2005, mit der ich mich im zweiten Teil dieses Kapitels auseinandersetzen werde.

Die Hauptmerkmale des neuen Journalismus, welche die „Berliner Republik", beziehungsweise eine Mediendemokratie[2] prägen, sieht Hachmeister in einer immer stärker werdenden Verflechtung der Handlungsrollen von Politik und Journalismus. Im journalistischen Bereich liege die Deutungsmacht in den Händen einiger weniger „Alpha-Männchen", die auch zunehmend zusammenarbeiteten. Politiker würden immer abhängiger von Medienauftritten und einer positiven Berichterstattung. Diese Symbiose von Politischem und Medialem manifestiere sich in der Hauptstadt Berlin.

---

[1] Die Angaben zur Biographie stammen vom Institut für Journalistik in Dortmund (s. Quellenverzeichnis). Offensichtlich betreibt Hachmeister ein gutes Datenmanagement, denn alle weiteren Seiten, die sich mit ihm beschäftigen, übernehmen diese Informationen. Das Thema seiner Habilitationsschrift ist nicht zu finden.
[2] Hachmeister selbst verwendet den Begriff der Mediendemokratie nicht.

Die so genannte „Berliner Republik" entstand, als der Bundestag 1991 mit knapper Mehrheit seinen Umzug vom Rhein an die Spree beschloss. 1999 hielt das Parlament seine erste Sitzung im renovierten Reichstag ab. Gerhard Schröder und Joschka Fischer regierten idealtypisch als die „neue Mitte", schicker und modischer als in der Ära Kohl (vgl. Hachmeister 2007: S12 u.).

Der neue mediale Überbau kennzeichnet sich durch die Talkshows als eine Art politische Dauerkonferenz, die erhöhte visuelle Präsenz einer kleinen Gruppe von Politikern und Interpretatoren und eine herumlungernde Meute von Berichterstattern, die von Termin zu Termin hetzen. Eine kleine Gruppe von Journalisten ist nun selbst Teil dieses „People-Journalismus" und taucht in den Talkshows, der Bild-Zeitung und in der Bunten auf (vgl. Hachmeister 2007: S.24 u.). Politiker wie auch Journalisten beurteilen ihre eigene Rolle in dieser Medienrotation skeptisch und begründen ihr Handeln mit dem Zwang der Verhältnisse. Mit der Notwendigkeit „mitzuspielen", damit Deutungsgewinne im Dienste von Vernunft und der „richtigen Sache" erzielt werden können. Es geht um die „fiktionale" Glaubwürdigkeit von Politikern, die sich in den Polit-Sendungen produzieren [müssen)] (vgl. Hachmeister 2007: S.26).

Im internationalen Vergleich ist das deutsche Mediensystem materiell üppig ausgestattet und verfügt über eine solide aktuelle Informationsleistung. Keine andere Nation gibt so viel Geld (7 Milliarden) für ihre öffentlich-rechtlichen Hörfunk- und Fernsehsender aus. Es existieren fünf überregionale Tageszeitungen und eine Flut von Regionalblättern, Magazinen und sonstigen Formaten. Eine Ausweitung der publizistisch-medientechnologischen Sphäre ist zu konstatieren. Gab es 1960 noch rund 15.000 gemeldete Journalisten in den Printmedien, so sind es heute ca. 60.000. Die Neuen Medien sorgen für eine Ausweitung der journalistischen Ausdrucks- und Einflusssphäre (vgl. Hachmeister 2007: S.31).

Dennoch bemerkt Hachmeister bei näherem Hinsehen eine Kolumnen- und Leitartikelflut in den Zeitungen, die überdecke, dass die Zahl der originellen und wirkungsmächtigen Autoren sehr klein ist. Die Liste der gegenwärtig einflussreichsten deutschen Journalisten beschränke sich auf 3 Namen: Kai Diekmann (Bild), Stefan Aust (Spiegel) und Frank Schirrmacher (FAZ). Investigativer Journalismus sei nicht der Normalfall, sondern müsse sich schon in einem „Netzwerk Recherche" zusammenschließen um für eine Form des Journalismus zu werben, die eigentlich selbstverständlich sein sollte (vgl. Hachmeister 2007: S.32).

Das öffentlich-rechtliche Fernsehen habe seine Rolle im Konzert der politischen Leitmedien verloren. Seine Redakteure begriffen das Medium nicht mehr wesentlich als Faktor der politischen Meinungsbildung, sondern als Forum für politischen Talk und ökonomischen Service. Pierre Bourdieu beklagt in seinem Traktat: „Sur la Télévision" die kommerzielle Ausrichtung des Fernsehens, die Dominanz der Einschaltquoten, Talkshow-Kultur und Neuigkeits-Konkurrenz. Durch die ständige Angst zu langweilen zögen die Journalisten den Streit der Debatte vor; die Konfrontation von Personen gegenüber der Konfrontierung ihrer Argumente. Sachliche Inhalte würden weggewischt. Dies führe zu einer Entpolitisierung (vgl. Hachmeister 2007: S.39).

Laut Hachmeister stellten die Journalisten früher noch eine Art Gegenelite zu den Machtgruppen von Politik und Wirtschaft dar. Man will das System aufmischen und Missstände aufdecken. Eine linksliberale Weltanschauung der Journalisten bildete das Gegengewicht zum konservativen Mainstream in Politik und Wirtschaft. Mittlerweile verwischen die Grenzen zwischen Gut und Böse jedoch auch für den Journalismus. Fehlende Werte müssen ersetzt werden. So werden die Medien vom Gesellschaftskritiker zum Meinungsherrscher. Laut einer Umfrage ist die Zahl der deutschen Journalisten, die vor allem eigene Ansichten vermitteln wollen, auf unter 20% gesunken. Der Rest schreibt von der journalistischen Elite ab (vgl. Hachmeister 2007: S.43 ff.).

Journalismus wird zu einer Fashion-Industrie, die das Neue überreizt und das alte wegschiebt. Die politischen Ressorts der gedruckten Tageszeitungen sind deutlich geschwächt. Die jüngere Generation hält sich in der Netzwelt auf, wo der elektronische Journalismus in all seinen Formen flüchtiger und fragmentierter wahrgenommen wird (vgl. Hachmeister 2007: S.41).

Ökonomische Motive beherrschen die Medienlandschaft und lassen sie enger zusammenrücken. Die neuen „Manager des Journalismus" haben untereinander neue Verständigungsebenen aufgebaut und sind keine Konkurrenten mit unterschiedlichen Ideologien mehr. Die Angst vor dem eigenem Versagen im schnelllebigen Medienzeitalter führt zu einer Schwerpunktverlagerung vom linksliberalen Projekt zur Neo-Bourgoisie. (vgl. Hachmeister 2007: S.61 f.).

Die folgenden Kapitel in Hachmeister Buch befassen sich mit der Endlosschleife politischer Talkshows, dem großen Meinungsherrscher Frank Schirrmacher, der neuen mediale Aufmerksamkeit gegenüber dem Bundespräsidenten und mit der so genannten Deutschwerdung der Medien. In dieser Ausarbeitung werde ich jedoch, wie auch schon im

Referat, etwas genauer auf das Kapitel: „*Glaubt denen nicht!* Gerhard Schröder und die neue Journalismuskritik" eingehen.

Gerhard Schröder und die neue Journalismuskritik

Nachdem die ersten Hochrechnungen bekannt gegeben waren, stellte sich am Abend der Bundestagswahl 2005 der amtierende Kanzler Gerhard Schröder vor seine Parteifreunde im Willy-Brandt Haus und sagte: „Ich bin stolz auf eine demokratische Kultur, mit der bewiesen worden ist, dass Medienmacht und Medienmanipulation das demokratische Selbstverständnis nicht erschüttern können." Mit dem Wahlergebnis hätten er und die deutschen Sozialdemokraten etwas erreicht, das viele professionelle Beobachter „die schreiben und senden" vor Wochen und Tagen noch für völlig unmöglich gehalten hätten (Hachmeister 2007: S. 9). Am Abend des 18. September wurde in der „Berliner Runde" von ARD und ZDF klar, wie tief Gerhard Schröder die publizistischen Wortführer inzwischen verachtete. Im Verlauf des turbulenten Wahljahres 2005 fühlte sich Gerhard Schröder von einer neuen publizistischen Querfront neoliberaler Gegner angegriffen, die von den Springerblättern über die Frankfurter Allgemeine Zeitung bis zu Stern und Spiegel reichte (vgl. Hachmeister 2007: S.91).

Bei Schröders „Ich-bleibe-Kanzler Auftritt" war fast augenblicklich klar, dass es sich um ein erinnerungswürdiges Politikfernsehen handelt. Völlig euphorisch präsentierte sich Schröder als der eindeutige Sieger der Bundestagswahl, was zumindest wenn man die Hochrechnung betrachtet, nicht unbedingt einleuchtete. Wie in Trance erschien Schröder und verblüffte alle mit seiner allzu positiven Interpretation des Ergebnisses. Er bezeichnete Angela Merkel als die eindeutige Verliererin der Wahlen und sah sich imstande eine stabile Regierung zu bilden. Der Auftritt erzeugte eine große Resonanz. Man sprach von Beeinflussung durch Drogen, Führermystik oder einer Narzissmus-Störung (vgl. Hachmeister 2007: S.92 ff.).

Die Widersprüche an Schröders Medienkritik sind offensichtlich, war er es doch, der sich lange Zeit als Medien-Liebling hatte feiern lassen. Die von Schröder attackierte Medienmacht fühlte sich dementsprechend grundlos beleidigt und feuerte zurück. Frank Schirrmacher sprach von einer „rabiaten, geradezu brutalen Größenphantasie". Schröder fühle sich als charismatischer Herrscher außerhalb der demokratischen Regeln. Claus Leggewie stellte einen klaren Einschüchterungsversuch in Richtung Union fest. Ein populistisches Lehrstück, wie man es selten zu sehen bekomme: „Den Politologen in mir freut das. Als Anhänger der parlamentarischen Demokratie finde ich das unmöglich." (vgl. Hachmeister 2007: S.96).

Im Grunde ging es in Schröders Kritik an den „vermachteten Medien" um ein bestimmtes Blatt. Dass der Spiegel als Elitemedium der inneren journalistischen Sphäre, wie Hachmeister es ausdrückt, sich gegen Schröder gestellt hat, schmerzte ihn besonders. Der Spiegel habe durch sein Online-Portal und die Ausrichtung anderer Leitmedien an ihm, den größten Einfluss auf die Publikums- und Wählerschichten. Seine frühere links-liberale Ausrichtung habe er, wie schon beschrieben, aufgegeben. Schon im Februar 2004 bezeichnete der Spiegel Gerhard Schröder als den Pannen-Kanzler (vgl. Hachmeister 2007: S.100 ff.). Mit dem Einschwenken des Spiegels auf die Seite der Schröder-Gegner war also tatsächlich eine einseitige Berichterstattung zugunsten der CDU erreicht worden. Schröders Medienkritik war also teilweise berechtigt und zeigte auch Wirkung bei den Wortführern. Die Presse übte Selbstkritik und bemängelte, man habe sich zu sehr von den Umfrageergebnissen und der eigenen Wechselstimmung beeinflussen lassen (vgl. Hachmeister 2007: S.104).

Nach dem politischen Aus Schröders verstehen sich allerdings alle Protagonisten wieder prächtig und die viel gescholtenen Medien helfen Schröder bei der Veröffentlichung seiner Memoiren nach Kräften. Vorabdrucke im Spiegel und der Bildzeitung feiern den ehemaligen Medienkanzler, als hätte es keine Auseinandersetzung gegeben. Ein weiterer Beweis für die Schnelllebigkeit journalistischer Berichterstattung und ein ökonomisches Händereichen aller Beteiligten.

Fazit

Das Buch von Lutz Hachmeister lebt von Anekdoten und Geschichten zur Politik und Mediensphäre. Er beschreibt gewisse geistige Strömungen und Moden in dem Medienkessel der „Berliner Republik" und wiederholt dabei häufig seine Thesen. Ein zunehmend laxer Sprachgebrauch und eine Popularisierung der Themen verstellen den Weg für eine korrekte wissenschaftliche Analyse. Dazu gehören „Name-Dropping" und das Anreißen von zu vielen Themen, welche ausgearbeitet untersucht sicherlich interessanter wären. Man merkt, wie sehr Hachmeister selbst mit der Welt der Medien verwoben ist. Er versäumt es, einen kritischen Standpunkt zu dem Beschriebenen einzunehmen und stellt meistens nur die Meinungen anderer dar. Das erste Kapitel besteht im Kern in einer Ode an den früheren, guten politischen

Journalismus und einer Beschreibung des Geistes des neuen Journalismus. Wissenschaftlich gesehen bewegt sich das Buch etwa auf dem Niveau eines Spiegelartikels. Doch hat es natürlich gar keinen Anspruch auf Wissenschaftlichkeit und hält deshalb, was es im Titel verspricht; eine Beschreibung der Nervösen Zone des Berliner Polit-Journalismus.

Um noch einmal auf den Begriff der „Berliner Republik" einzugehen, kann man die Frage stellen, ob nicht in einer „Bonner Republik" die gleichen Veränderungen der Polit- und Medienszene entstanden wären? Die Rolle der Unterhaltungsangebote in den Medien und der Umgang, den die politischen Akteure damit pflegen, sind Kennzeichen einer politischen Strukturveränderung. Die Medialisierungstendenzen in unserer und in anderen Gesellschaften sind durch die Globalisierung und die technischen Entwicklungen wohl unaufhaltsam geworden. Die Revolution der Informations- und Kommunikationswege wäre am Journalismus und an der Presse- und Öffentlichkeitsarbeit der Bundesregierung nicht spurlos vorbeigegangen, auch wenn die Regierung in Bonn geblieben wäre. Nun fiel der Zeitraum zwischen Umzugsbeschluss und Regierungsumzug etwa zusammen mit dieser Revolution. Sie ist noch im Gange und ein Ende ist nicht abzusehen. Ihre Wirkung auf Politik und Medien sind für jedermann sichtbar, aber noch lange nicht in allen ihren Konsequenzen absehbar. Insofern lässt sich die Frage meiner Meinung nach eindeutig mit Ja beantworten. In einer „Bonner Republik", wären die gleichen Veränderungen entstanden.

Für den Begriff der Mediendemokratie lässt sich feststellen, dass sich in der wissenschaftlichen Forschung bis dato noch kein fester Begriffsapparat oder Analyserahmen entwickelt hat, welcher für die systematische Erschließung von Forschungsergebnissen über das Thema unerlässlich wäre. Der Begriff stellt ein Sammelbecken für vielfältige Definitionen und Zuschreibungen dar. Ganz sicher jedenfalls bezeichnet Mediendemokratie keine spezifische Regierungsform (obwohl gewisse Formen eines Regierungsstils unter den Begriff subsumiert werden), sondern eher eine Tendenz in unserer medialisierten Gesellschaft, Politikvermittlung an die neuen Gegebenheiten anzupassen. Der Begriff findet zwar eine rege Benutzung im Umfeld der Politik und Medienlandschaft. In den meisten Fällen stellt er jedoch nicht mehr als eine leere Worthülse dar. Eine gültige sozialwissenschaftliche sowie medienhistorische Bearbeitung des Begriffes existiert leider noch nicht.

Literaturverzeichnis

Alemann, Ulrich von / Marschall, Stefan (Hrsg.) (2002): Parteien in der Mediendemokratie. Wiesbaden: Westdeutscher Verlag

Bieber, Christoph (2004): Bausteine der Mediendemokratie. Ein Werkstattbericht. In Massing, Peter (Hrsg.): Mediendemokratie. Eine Einführung. Schwalbach: Wochenschau Verlag

Hachmeister, Lutz (2007): Nervöse Zone. Politik und Journalismus in der Berliner Republik. München: Deutsche Verlags-Anstalt

Kamps, Klaus: Kommunikationsmanagement in der Politik: Anmerkungen zur „zirzensischen" Demokratie. In Nieland, Jörg-Uwe (Hrsg.) (2002): Politische Akteure in der Mediendemokratie. Wiesbaden: Westdeutscher Verlag

Korte, Karl-Rudolf: Regieren in Mediendemokratien: Regierungssteuerung der Staats- und Regierungschefs im Vergleich. In Nieland, Jörg-Uwe (Hrsg.) (2002): Politische Akteure in der Mediendemokratie. Wiesbaden: Westdeutscher Verlag

Meckel, Miriam: Das Mismatch der Mediendemokratie: Anmerkungen zu den Spielregeln der politischen Kommunikation. In Nieland, Jörg-Uwe (Hrsg.) (2002): Politische Akteure in der Mediendemokratie. Wiesbaden: Westdeutscher Verlag

Nieland, Jörg-Uwe (Hrsg.): Von der Bonner zur Berliner Republik? Aspekte des Wandels der politischen Kommunikation in der Populärkultur. In ders. (2002): Politische Akteure in der Mediendemokratie. Wiesbaden: Westdeutscher Verlag

Internetquellenverzeichnis:

Institut für Journalismus Universität Dortmund, Lutz Hachmeister: http://www.journalistik-dortmund.de/pd-dr.-habil.-lutz-hachmeister-6.html Zugriffsdatum: 29.03.2008

Wikipedia, Lutz Hachmeister: http://de.wikipedia.org/wiki/Lutz_Hachmeister Zugriffsdatum: 29.03.2008